T0365517

Is it Always So?
¿Es Siempre Asi?

By Sylva I. Bogart and Ellen E. Heinemann

Photographs by Ellen E. Heinemann
Fotografías por Elena E. Heinemann

AuthorHouse™
1663 Liberty Drive
Bloomington, IN 47403
www.authorhouse.com
Phone: 833-262-8899

Book design by Ellen E. Heinemann
Diseño del libro por Elena E. Heinemann.

The text for this book is set in 12-point Times New Roman.
El texto de este libro está en Times New Roman de 12 puntos.

Some photographs are taken of Ellen's tempera paintings.
Algunas fotografías corresponden a pinturas en témperas por Elena E. Heinemann.

Printed in the U.S.A.
Impreso en Los Estados Unidos de América

First printing, 2011
Primera impresión, 2011

This book is printed on acid-free paper.

ISBN: 979-8-8230-2516-4 (sc)
ISBN: 979-8-8230-2514-0 (hc)
ISBN: 979-8-8230-2515-7 (e)

Library of Congress Control Number: 2024925468

Print information available on the last page.

Published by AuthorHouse 02/17/2025

author**HOUSE**®

For all of Sylva I. Bogart's grandchildren.—SIB
Para todos los nietos de Sylva I. Bogart __S.I.B.

For all the inquisitive children who wonder about things.—EEH
Para todos los niños curiosos que se maravillan
acerca de las cosas ___E.E.H.

Is it always so that all clouds are white? No!
¿Es siempre así que todas las nubes son blancas? ¡No!

Clouds can be gray.
Las nubes pueden ser grises.

The clouds can be many colors because the color depends on the thickness of the clouds and the position of the sun. *Las nubes pueden ser de muchos colores porque el color depende del grosor de las nubes y de la posición del sol.*

Is it always so that all clouds are large? No!
¿Es siempre así que todas las nubes son grandes? ¡No!

Clouds can be very small. Clouds can be ever so large.
*Las nubes pueden ser muy pequeñas. Las
nubes pueden ser muy grandes.*

4

Then clouds can be small and large in the sky.
Entonces las nubes pueden ser pequeñas y grandes en el cielo.

Is it always so that all animals are brown? No!
¿Es siempre así que todos los animales son cafés? ¡No!

A cat can be orange
and white.
*Un gato puede ser
naranja y blanco.*

A goat can be white.
Una cabra puede ser blanca.

6

A dog can be black.
Un perro puede ser negro.

A cat can be gray and white.
*Un gato puede ser
gris y blanco.*

Then some animals can be more colors.
This llama is black and white.
*Entonces algunos animales pueden ser de varios
colores. Esta llama es negra y blanca.*

This horse and deer are brown and white.
Este caballo y este venado son café y blancos.

This turtle is black and yellow.
*Esta tortuga es negra
y amarilla.*

Some are black, yellow,
white, and brown.
*Algunas son negras,
amarillas, blancas, o cafés.*

Is it always so that all trees are very tall? No!
¿Es siempre así que todos los árboles son muy altos? ¡No!

Trees can be tall.
Los árboles pueden ser altos.

Trees can be short.
Los árboles pueden ser cortos.

Trees can be small around.
*Los árboles pueden formar
una pequeña circunferencia.*

Trees can be big around.
*Los árboles pueden formar
una gran circunferencia.*

Then is it always so that the leaves of all trees are the same? No!
¿Entonces es siempre así que las hojas de
todos los árboles son iguales? ¡No!

Leaves can be many shapes.
Las hojas pueden tener muchas formas.

Leaves can be many sizes.
Las hojas pueden ser de muchos tamaños.

Is it always so that all flowers are made the same? No!
¿Siempre se hacen todas las flores iguales? ¡No!

Flowers can be very small and short.
Las flores pueden ser muy pequeñas y cortas.

Flowers can be very tall.
Las flores pueden ser muy altas.

Then flowers can smell very good or can have a bad smell.
Entonces las flores pueden oler muy bien o tener mal olor.

Flowers come in many colors.
Las flores son de muchos colores.

Flowers come in many shapes.
Las flores son de muchas formas.

Is it always so that you can see all the stars every night? No!
*¿Es siempre así que puedes ver todas
las estrellas cada noche? ¡No!*

You can't see the stars through the rain clouds.
No puedes ver las estrellas a través de las nubes de lluvia.

Some stars are hidden by the fog over them.
Algunas estrellas están ocultas por la niebla que las cubre.

Then some nights you can see one star.
Algunas noches se puede ver una sóla estrella.

Some nights you can see only the very bright stars.
Algunas noches sólo se ven las estrellas muy brillantes.

Some stars you cannot see at all because they are so far away.
Algunas estrellas no se pueden ver porque están muy lejos.

Is it always so that all birds can fly? No!
¿Es siempre así que todos los pájaros pueden volar? ¡No!

Some birds' wings do not help them fly, like
the ostrich, emu, and penguin.
*Las alas de algunas aves no les ayudan a volar,
como el avestruz, el emú y el pingüino.*

Some birds' wings are very small.
Las alas de algunas aves son muy pequeñas.

Some birds have large wings.
Algunos pájaros tienen alas grandes.

Birds' wings are not all shaped the same.
Las alas de los pájaros no tienen todas las mismas formas.

Is it always so that everyone likes the same fruit as you do? No!
¿Es siempre así que a todo el mundo le
gusta la misma fruta que a ti? ¡No!

You could like an apple better than a banana.
A algunos les gustan más las manzanas que los plátanos.

Mother likes a pear better than an orange.
A mama le gusta más una pera que una naranja.

 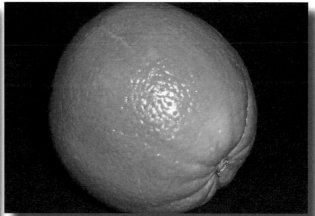

Then Father likes cherries better than strawberries.
Entonces a papá le gustan más las cerezas que las fresas.

All kinds of fruit are good for us.
Todas las frutas son buenas para nosotros.

Is it always so that everyone can play
music on an instrument? No!
¿Es siempre así que todo el mundo puede
tocar un instrumento? ¡No!

Some children can play the piano.
Algunos niños tocan el piano.

Some children can play on a drum.
Algunos niños pueden tocar el tambor.

Some children can play music on the violin.
Algunos niños pueden tocar el violín.

Then some children like to sing more than to play an instrument.
A algunos niños les gusta más cantar que tocar un instrumento.

Some day we can all play a harp if we wish.
Algún día podremos tocar el arpa si así lo deseamos.

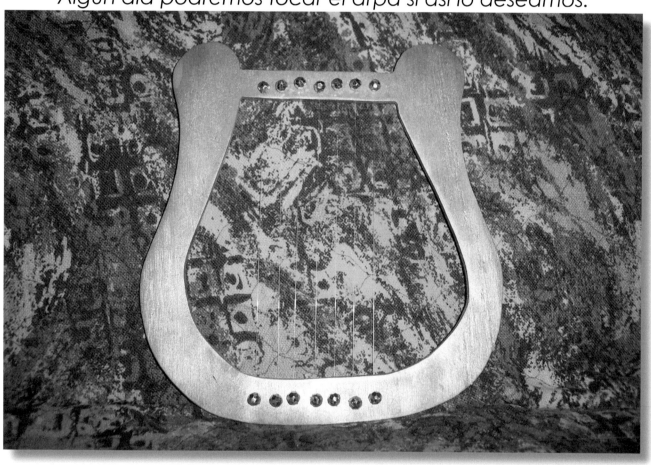

Is it always so that we all like to read the same book? No!
¿Es siempre así que a todos nos gusta leer el mismo libro? ¡No!

Some girls like to read about horses.
A algunas chicas les gusta a leer sobre caballos.

Some boys like to read about space.
A algunos chicos les gusta leer sobre el espacio.

Some people like to read about sports.
A algunas personas les gusta leer sobre deportes.

Some people like to read about nature.
A algunas personas les gusta leer sobre la naturaleza.

Some people like to read stories about other people.
A algunas personas les gusta leer historias sobre otras personas.

Is it always so that snowflakes look the same? No!
¿Es siempre así que los copos de nieve
tienen el mismo aspecto? ¡No!

Snowflakes can be very small.
Los copos de nieve pueden ser muy pequeños.

 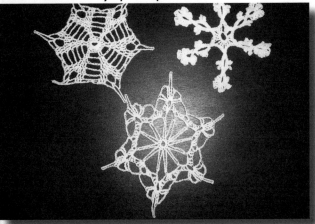

Then snowflakes can also be small or large.
*Entonces los copos de nieve también
pueden ser pequeños o grandes.*

Is it always so that vegetables are all the same? No!
¿Es siempre así que los vegetales son todas iguales? ¡No!

A squash is not like a head of lettuce.
Una calabaza no es como una lechuga.

Radishes are not like onions.
Los rábanos no son como las cebollas.

Peas are not like carrots.
Los guisantes no son como las zanahorias.

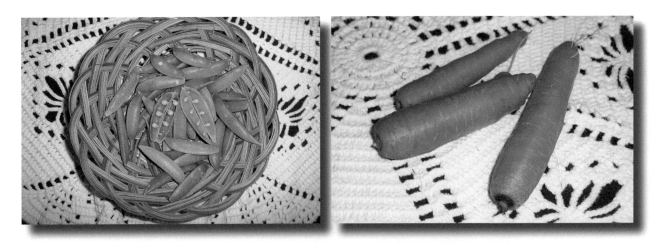

Then corn is not like tomatoes.
Entonces el maíz no es como los tomates.

Potatoes are not like other vegetables.
Papas no son como ostras vegetales.

Is it always so that each year we have
only one kind of holiday? No!
¿Es siempre así que cada año tenemos
solo un tipo de fiesta? ¡No!

The first holiday is New Year's.
La primera fiesta es Año Nuevo.

We honor some of the presidents.
Honoramos a algunos de los presidentes.

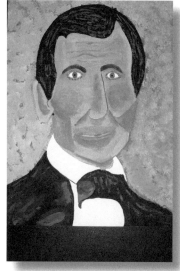 

Abraham Lincoln   George Washington

The Fourth of July comes.
Llega el cuatro de julio.

Then there is Thanksgiving Day.
Entonces está el día de Acción de Gracias.

Christmas is also a very happy time.
Navidad es también un tiempo muy feliz.

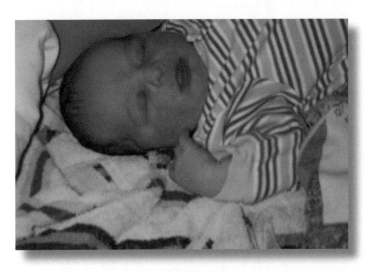

Is it always so that people only like one kind of work? No!
¿Es siempre así que a la gente solo le
gusta un tipo de trabajo? ¡No!

Some people like to be farmers.
A algunas personas les gusta ser agricultores.

Some people like to be teachers.
A algunas personas les gusta ser maestros.

Some people like to be fathers or mothers.
A algunas personas les gusta ser padres o madres.

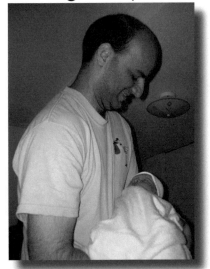 

Then some people like to be nurses.
Entonces a algunas personas les gusta ser enfermeras.

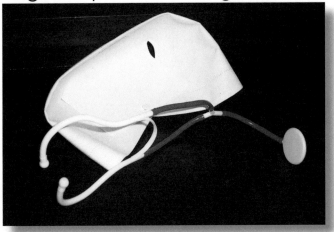

Some people like to be softball players.
A algunas personas les gusta ser jugadores de softbol.

Is it always so that everyone likes to play the same thing? No!
¿Es siempre así que a todo el mundo le
gusta jugar a lo mismo? ¡No!

Some children like to run as they play.
A algunos niños les gusta correr mientras juegan.

Some children like to play with toys.
A algunos niños les gusta jugar con juguetes.

Some children like to play in puddles of water.
A algunos niños les gusta jugar en charcos de agua.

Then some children like to play with their pets.
A algunos niños les gusta jugar con sus mascotas.

Some children like to play with their friends.
A algunos niños les gusta jugar con sus amigos.

Some children like to play in the snow.
A algunos niños les gusta jugar en la nieve.

Is it always so that all people ride only in a car? No!
¿Es siempre así que todas las personas viajan sólo en auto? ¡No!

Some people like to ride in an airplane.
A algunas personas le gusta viajar en avión.

Some people like to ride in a boat.
A algunas personas les gusta ir en barco.

Some people ride in a passenger train.
Algunas personas viajan en un tren de pasajeros.

Then some people have to ride in a bus.
Algunas personas tienen que ir en un autobús.

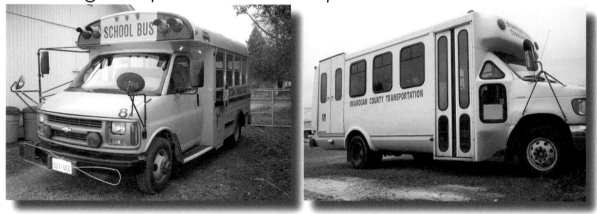

Some people like to ride in a camper.
A algunas personas les gusta viajar en caravana.

Is it always so that Jesus loves us? Yes! Oh yes!
¿Es siempre así que Jesús nos ama? ¡Sí! ¡Oh, sí!

Jesus gave us angels to watch over us.
Jesús nos dio ángeles para que velaran por nosotros.

Jesus gave us the Sabbath to rest and think about Him.
Jesús nos dio el sábado para descansar y pensar en El.

Jesus died to save us and rose from the tomb.
Jesús murió por salvarnos y resucitó de la tumba.

Then Jesus will come back very soon to take us with Him.
Entonces Jesús vendrá muy pronto para llevarnos con él.

Jesus is making us a very pretty house to live in.
Jesús nos está preparando una casa muy bonita para vivir.

Printed in the United States
by Baker & Taylor Publisher Services